D 66595

Paris
1880

Barthélémy-Saint-Hilaire, Jules

Trois lettres

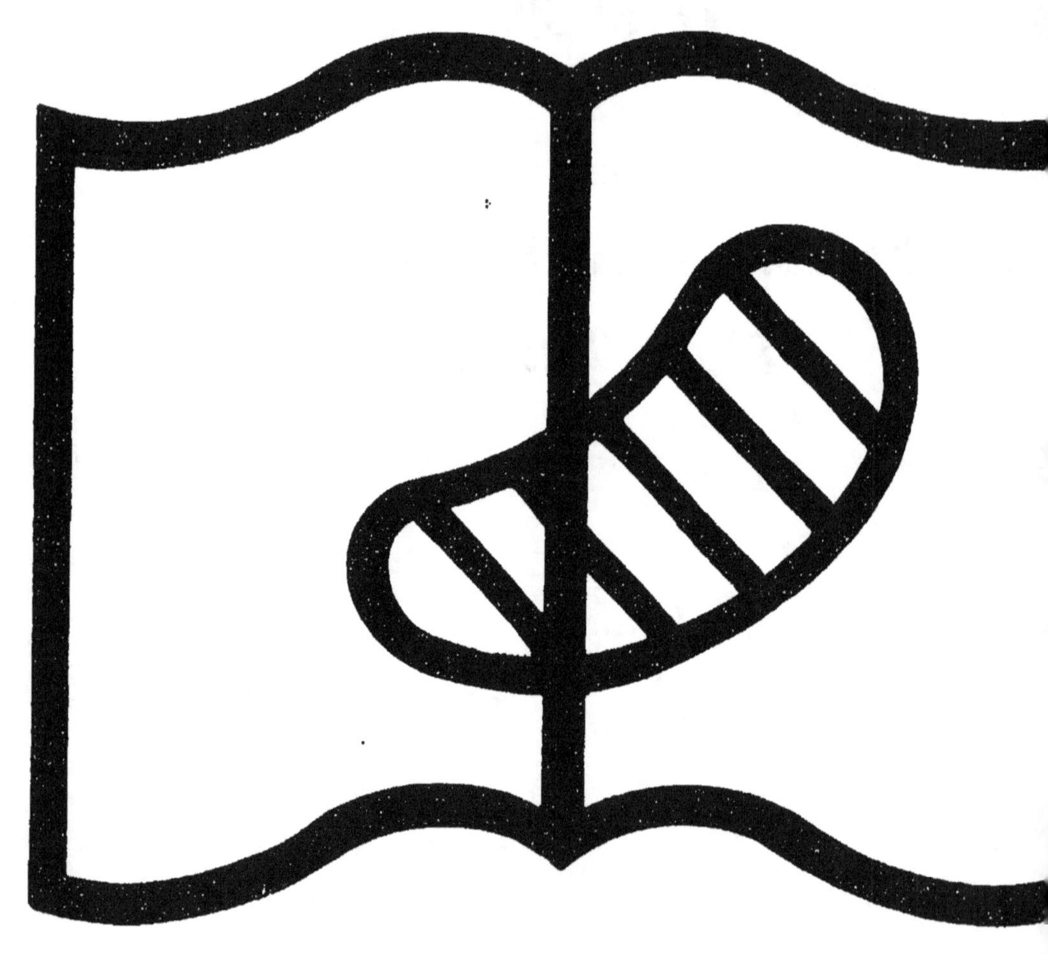

**Symbole applicable
pour tout, ou partie
des documents microfilmés**

Original illisible

NF Z 43-120-10

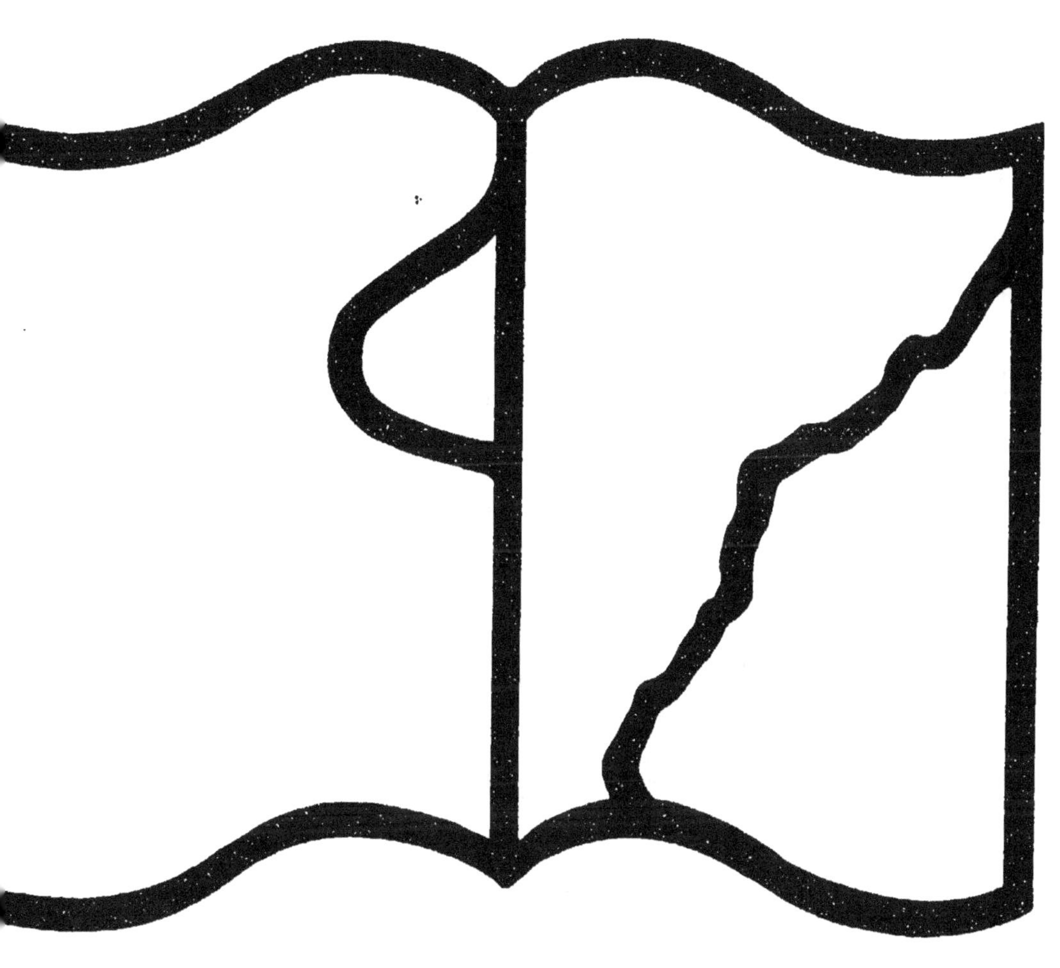

**Symbole applicable
pour tout, ou partie
des documents microfilmés**

Texte détérioré — reliure défectueuse

NF Z 43-120-11

LE CHRISTIANISME ET LE BOUDDHISME.

TROIS LETTRES

DE

M. BARTHÉLEMY SAINT-HILAIRE

DE L'INSTITUT, AUJOURD'HUI VICE-PRÉSIDENT DU SÉNAT,

ADRESSÉES A M. L'ABBÉ DESCHAMPS,

VICAIRE GÉNÉRAL DE CHALONS,

LA PREMIÈRE, A L'OCCASION D'UNE PUBLICATION DE M. DESCHAMPS,
INTITULÉE : *Le Bouddhisme et l'Apologétique chrétienne* ;
LA SECONDE, EN RÉPONSE A L'ENVOI D'UNE ÉTUDE BIBLIQUE DU
MÊME AUTEUR, AYANT POUR TITRE :
La Découverte du Livre de la Loi et la théorie du coup d'État,
d'après les derniers travaux ;
LA TROISIÈME, QUI CONFIRME LES DEUX PRÉCÉDENTES ET EN AUTORISE
LA PUBLICATION.

<table>
<tr><td>CHALONS
T. MARTIN IMPRIMEUR-LIBRAIRE,
Place du Marché-au-Blé, 50.</td><td>PARIS
ERNEST LEROUX, LIBRAIRE DE LA SOCIÉTÉ
ASIATIQUE DE PARIS,
28, Rue Bonaparte, 28.</td></tr>
</table>

1880

TROIS LETTRES

DE M. BARTHÉLEMY SAINT-HILAIRE

LE CHRISTIANISME ET LE BOUDDHISME.

TROIS LETTRES

DE

M. BARTHÉLEMY SAINT-HILAIRE

DE L'INSTITUT, AUJOURD'HUI VICE-PRÉSIDENT DU SÉNAT,

ADRESSÉES A M. L'ABBÉ DESCHAMPS,

VICAIRE GÉNÉRAL DE CHALONS,

LA PREMIÈRE, A L'OCCASION D'UNE PUBLICATION DE M. DESCHAMPS,
INTITULÉE : *Le Bouddhisme et l'Apologétique chrétienne* ;
LA SECONDE, EN RÉPONSE A L'ENVOI D'UNE ÉTUDE BIBLIQUE DU
MÊME AUTEUR, AYANT POUR TITRE :
La Découverte du Livre de la Loi et la théorie du coup d'État,
d'après les derniers travaux :
LA TROISIÈME, QUI CONFIRME LES DEUX PRÉCÉDENTES ET EN AUTORISE
LA PUBLICATION.

CHALONS
T. MARTIN, IMPRIMEUR-LIBRAIRE,
Place du Marché-au-Blé, 783.

PARIS
ERNEST LEROUX, LIBRAIRE DE LA SOCIÉTÉ
ASIATIQUE DE PARIS,
28, Rue Bonaparte, 28.

1880

INTRODUCTION.

Des trois lettres publiées ici, les deux premières ont pour objet principal le Bouddhisme comparé au Christianisme. Elles font connaître, au moins indirectement, avec la pensée de leur éminent auteur sur ce point important, —encore si vivement discuté en ce moment, — la manière dont on peut apprécier le Bouddhisme parmi les représentants de cette « orthodoxie catholique » qui, selon le titulaire de la nouvelle chaire du Collège de France, M. Réville, ne saurait voir, dans le Bouddha, « qu'un pitoyable rêveur. »

Prêter à l'orthodoxie catholique un jugement aussi sommaire, et aussi peu scientifique, sur le fondateur du Bouddhisme, c'est par trop compter, même sur la crédulité à laquelle la Chambre des députés, dans une de ses dernières séances (19 janvier 1880), s'est préoccupée de chercher un remède efficace.

Si nous nous gardons bien de dire, avec le premier professeur officiel de l'histoire des religions en France, que le « Christianisme n'est pas *tout* vérité, » nous ne laissons pas de saluer, dans Sâkia-Mouni, tel que nous nous sommes habitués à nous le représenter sous sa robe rouge, un philosophe bien nouveau, dans le monde, à son époque, un législateur religieux qui commande notre admiration, un apôtre infatigable, préconisant, il est vrai, une pauvre théorie, une morale sans fondement, une religion sans Dieu, mais nous offrant du moins, dans sa vie, l'exemple des vertus qu'il prêche, ce qui n'est jamais d'un homme médiocre, surtout, lorsque, comme le Bouddha, — mais en se plaçant dans la vérité et dans la lumière évangélique, — on prêche le mépris du monde, la douceur, la charité, le sacrifice, le renoncement, selon le mot favori du langage bouddhique.

C'est au sein de l'« orthodoxie » en question, trop légèrement calomniée par M. Réville, que le livre de M. Barthélemy Saint-Hilaire a été l'objet de l'examen dont parle le savant académicien. L'écrivain le fait en des termes obligeants, bien peu propres, il faut l'avouer, à montrer que nous, catholiques, nous serions aussi injustes envers le Bouddhisme que l'est M. Réville envers le Christianisme. Aux yeux de M. Réville, la supériorité du Christianisme sur les autres religions n'est désormais « qu'un *plus*. » Cela ne nous permet guère de fonder de grandes espérances sur la nouvelle chaire du Collège de France pour la glorification de la religion chrétienne.

« Le Christianisme, ajoute-t-il, est le plus grand, le plus bel arbre de la forêt, mais enfin, il est dans la forêt et il est un arbre. » Entre le Christianisme et le Bouddhisme, entre le Christianisme et les autres religions, même « les plus grossières, » selon cette théorie, toute la différence est dans la forme. La vraie supériorité du Christianisme, sa supériorité caractéristique, sa supériorité divine, est refoulée dans l'ombre.

Avec une telle doctrine, si l'on y persévère, la vérité historique, dans l'histoire des religions, aura beaucoup de peine à monter dans la nouvelle chaire avec son premier titulaire.

C'est regrettable, — ne serait-ce qu'au point de vue de la science.

Cette brochure ne contenait d'abord que les deux lettres en question. Elle était sous presse et allait paraître, quand M. l'abbé Deschamps reçut de leur savant auteur une troisième lettre, datée du 26 janvier, et écrite par M. Barthélemy Saint-Hilaire au surlendemain de la séance du Sénat où, comme auteur du rapport sur le projet de loi relatif au conseil supérieur de l'instruction publique, M. le vice-président a prononcé le discours mentionné dans cette troisième lettre. On la trouvera plus loin.

Cette lettre montre que si M. Barthélemy Saint-Hilaire est loin, comme il le dit, de partager « toutes les craintes qu'a fait naître la création de la chaire nouvelle du Collège de France, il ne nie pas que cette création ne soit « un peu prématurée, » les matériaux, fait-il justement observer, « n'étant pas suffisamment élaborés, » — et, s'il nous était permis de l'ajouter, le choix d'un professeur tel que le réclamait une aussi haute charge ayant dû présenter plus d'une difficulté. M. Barthélemy Saint-Hilaire a voté la création de la nouvelle chaire. Cette circonstance, indépendamment de la compétence notoire de l'auteur de tant de travaux sérieux dans le domaine de l'histoire des religions, donne au jugement qu'il prononce une autorité d'autant plus grande. Si M. le vice-président du Sénat avait voté contre la création, il serait moins impossible de suspecter ici sa haute impartialité.

La création de la nouvelle chaire est un peu prématurée, non-seulement chez nous, « mais partout ailleurs, » ajoute M. Barthélemy Saint-Hilaire dans sa lettre.

On ne saurait mieux dire. C'est ce que prouve notamment, dans l'université de Leyde, la chaire d'histoire générale des religions créée il y a à peu près deux ans. De l'aveu des hommes les plus compétents, cette création, citée cependant par M. Jules Ferry, dans son discours au Sénat, comme un encouragement à suivre sans retard l'exemple donné par l'université de Leyde, cette création a devancé l'époque où elle n'eût pas manqué d'être plus opportune.

Et pourtant M. Tiele, le premier titulaire, représente en Hollande un homme de science.

On en jugerait déjà assez pertinemment par un de ses ouvrages traduit en anglais sous ce titre fort peu prétentieux : *Outlines of the History of Religion*, etc. Ce sont, nous dit-il lui-même, des « ébauches, » des « coups de pinceau, rien de plus (*outlines, pencil-sketches*). » Mais ces simples « linéaments » voilent mal la main habile d'un savant critique, maître dans son art. Toutefois, dans cet ouvrage, que de lacunes regrettables signalées par les amis du nouveau professeur, dont les jugements montrent, dans les égards délicats avec lesquels ils sont formulés, que c'est la force de la vérité qui fait parler les juges !

Mais M. Tiele n'est pas homme à aller plus vite que la science. Il saura compléter sa préparation avant de se lancer sur certaines voies qui s'ouvrent naturellement devant lui dans la carrière qu'il doit parcourir. Nous en avons pour garant sa manière d'envisager, par exemple, la science des religions.

M. le ministre de l'instruction publique a fait honneur, devant le Sénat, à M. Emile Burnouf, d'avoir publié, peut-être le premier en France, un livre portant le titre de *Science des Religions*. Il n'en est pas moins avéré que ce livre ne renferme pas cette science.

Avant de faire la *science* des religions, il faut avoir achevé l'*histoire* des religions. Or, ici, rien de complet. Tout le monde en cela sera de l'avis de M. Barthélemy Saint-Hilaire, quand il dit que tous les matériaux sont loin d'avoir été recueillis. C'est seulement sur l'histoire des religions que peut fleurir la science des religions.

Il ne faut donc pas s'étonner, pour revenir à la pensée de M. Tiele sur cette matière, de le voir beaucoup moins prêt que M. Jules Ferry à célébrer la science des religions.

« Quant à ce qu'on a appelé du nom malheureux de
» science des religions (*by the unhappy name*), dit-il, il y a
» grand danger qu'une science aussi jeune (*so young a
» science*) ne se perde dans d'abstraites spéculations, basées
» sur un petit nombre de faits et sur un grand nombre de
» conjectures, et quelquefois, dans l'absence de faits,
» uniquement appuyées sur de pures hypothèses, sans
» rien de plus. » Cette science des religions, dépeinte
par M. Tiele, ne serait-elle point, hélas ! le type exact de
ce que pourra bien être sous nos yeux l'histoire des
religions au Collège de France, entre les mains d'un
titulaire qui semble s'être attaché jusqu'ici à préconiser
et à vulgariser la « méthode conjecturale » appliquée à
l'histoire de la religion des Hébreux, telle que l'a instituée
un des savants professeurs de l'université de Leyde, plus
enthousiaste que M. Tiele, mais moins prudent ?

Châlons-sur-Marne. 1880.

TROIS LETTRES

DE

M. BARTHÉLEMY SAINT-HILAIRE

DE L'INSTITUT, AUJOURD'HUI VICE-PRÉSIDENT DU SÉNAT,

ADRESSÉES A M. L'ABBÉ DESCHAMPS,

VICAIRE GÉNÉRAL DE CHALONS,

LA PREMIÈRE, A L'OCCASION D'UNE PUBLICATION DE M. DESCHAMPS, INTITULÉE :
Le Bouddhisme et l'Apologétique chrétienne ;
LA SECONDE, EN RÉPONSE A L'ENVOI D'UNE ÉTUDE BIBLIQUE DU MÊME AUTEUR,
AYANT POUR TITRE : *La Découverte du Livre de la Loi*
et la théorie du coup d'État, d'après les derniers travaux ;
LA TROISIÈME, QUI CONFIRME LES DEUX PRÉCÉDENTES ET EN AUTORISE
LA PUBLICATION.

I

Paris, 1er Septembre 1860.

MONSIEUR,

Je vous remercie de m'avoir envoyé l'article très remarquable[1] que vous avez bien voulu consacrer à mon livre sur le Bouddha. Je le connaissais depuis

---

[1] Le travail en question : *Le Bouddhisme et l'Apologétique chrétienne,* par l'abbé A. Deschamps, avait d'abord paru dans le *Correspondant* du 25 août 1860. Objets de cette étude : *Die Religion*

quelques jours déjà ; mais je suis heureux de l'avoir reçu de vous.

Dans les examens différents qui ont été faits de mon ouvrage [1], personne n'a mieux saisi que vous et exposé la véritable pensée qui me l'a fait entreprendre.

Il y a des esprits, même éclairés, qui se laissent séduire à ces favorables apparences, et il en est de moins excusables qui veulent réhabiliter parmi nous la croyance de la métempsycose [2]. J'ai voulu prévenir, autant qu'il dépendait de moi, ces méprises et ces erreurs.

Mon point de vue de philosophe spiritualiste n'est pas très éloigné du vôtre, et j'ai tâché de décourager des comparaisons qui me semblent une injustice et un outrage. Le Bouddhisme n'a rien de commun avec le Christianisme, qui est autant au-dessus

des *Buddha und ihre Entstehung*, par Kœppen. 2 vol. in-8° ; — *Le Bouddha et sa Religion*, par Barthélemy Saint-Hilaire, 1 vol. in-8°. Le travail de M. Deschamps avait été demandé à l'auteur, pour le *Correspondant*, par la rédaction de ce recueil. (*L'éditeur.*)

(1) *Le Bouddha et sa Religion* (1860).

(2) Sans parler de Schopenhauer, n'avons-nous pas vu MM. Leroux, Jean Reynaud et Laurent nous placer fatalement, en niant le dogme catholique qui seul explique les *misères* et les *inégalités* de la vie, sur la voie de la métempsycose ? Ce n'était pas la métempsycose pythagoricienne, mais la doctrine de la transmigration des âmes et des vies successives. « Notre *entrée dans ce monde* est une *suite* rigoureuse de notre vie *antérieure,* selon les disciples de Jean Reynaud, et les conditions de notre *vie future* dépendront de l'usage que nous ferons de notre libre arbitre dans celle-ci. » (*Études sur l'histoire de l'humanité*, par Laurent, t. IV, p. 421.) (*L'éditeur.*)

de lui que nos sociétés européennes sont au-dessus des sociétés asiatiques.

Mais je ne veux pas, Monsieur, vous entretenir de ce que vous savez mieux que moi, et je dois me borner à vous exprimer ma gratitude bien sincère et à vous adresser mes félicitations bien cordiales.

Votre dévoué concitoyen,

B' SAINT-HILAIRE.

II

Paris, le 25 Mars 1879.

Monsieur le Vicaire général,

Je vous remercie de la communication que vous avez bien voulu me faire; j'ai lu avec grand intérêt *la Découverte du Livre de la Loi*[1].

Je ne connaissais pas ces récentes polémiques : je trouve qu'il est bon de les rappeler, comme vous le faites, à un examen plus sérieux des graves questions de l'Exégèse.

Il est même de ces controversistes dont il vaudrait peut-être mieux taire le nom, tant ils sont faibles et incompétents[2].

Quant à moi, je n'ai rien à changer aux opinions que je vous exprimais en 1860, et que j'ai eu récem-

[1] Cette étude, insérée dans la *Revue du Monde catholique* des 10 février, 10 et 25 mars 1878, a été publiée en brochure.

[2] Les controversistes qui figurent dans la brochure à laquelle fait allusion l'éminent écrivain ont cependant une réelle notoriété. (*L'éditeur.*)

ment l'occasion d'exprimer de nouveau en parlant du Zend-Avesta[1].

La religion chrétienne est à une hauteur incommensurable au-dessus de toutes les autres religions ; et, le méconnaître, c'est fermer les yeux à la plus éclatante évidence.

La figure du Bouddha est une très noble figure sans doute ; mais sa doctrine est déplorable, bien qu'elle compte sur la terre plus d'adhérents qu'aucune autre. Plus on comparera le Bouddhisme et le Christianisme, plus on sentira leur profonde différence et l'infériorité incurable du premier[2].

La civilisation chrétienne marche à la conquête

(1) Dans le *Journal des Savants* de mai et de juillet 1878 : *La Religion de Zoroastre*. (L'éditeur.)

(2) L'apologétique chrétienne s'est peut être trop désintéressée, du moins en apparence, des comparaisons incessantes que l'on fait du Bouddhisme et du Christianisme, en donnant quelquefois la supériorité au premier, ou bien en les plaçant l'un et l'autre au même plan. C'est ce que fait, par exemple M. Renan, dans un de ses derniers ouvrages, les *Évangiles*. etc., où l'écrivain va jusqu'à dire ceci : « Deux grandes vies *divines*, bien racontées, celle de Bouddha, celle de Jésus, voilà le secret des deux plus vastes propagandes religieuses qu'ait vues l'humanité ». Toutefois, un peu plus loin, le savant critique fait cette grâce au Dieu de l'Évangile, de lui accorder, que « dans les charmants apologues qu'il avait réellement prononcés, » Jésus « avait surpassé Bouddha lui-même »! L'incurable infériorité du Bouddhisme, comparé au Christianisme, selon le mot de M. Barthélemy Saint-Hilaire, doit encore être mise en lumière par l'apologétique, si l'on ne veut pas laisser régner plus longtemps de très fâcheux malentendus. Comme le dit de son côté l'éminent administrateur du Collège de France, M. Laboulaye, l'étude du Bouddhisme, dont l'histoire résume l'histoire de la civilisation. ou, sous un autre nom, de l'esprit humain en Orient, cette étude

bienfaisante de la terre entière ; et c'est un triomphe qu'aucune autre religion ne peut se promettre.

Agréez, Monsieur le Vicaire général, mes remerciements et l'assurance de ma considération la plus distinguée.

B SAINT-HILAIRE.

profiterait au Christianisme. « L'ouvrage de M. Barthélemy Saint-Hilaire sur le Bouddha, a déjà été assez favorablement reçu pour qu'il soit permis de croire que ces questions commencent à intéresser le public. Peut-être aussi, ajoute M. Laboulaye, le clergé catholique sentira-t-il bientôt qu'il est temps de s'occuper de cette mystérieuse et puissante religion. » V. *le Bouddhisme*, par G.-A. La Comme, traduction française de l'ouvrage de Vassilief, écrit en russe, si riche d'aperçus nouveaux, notamment sur les origines et les développements des divers systèmes bouddhiques 1865. (*L'éditeur.*)

III

Paris, 26 Janvier 1880.

Monsieur le Vicaire général,

Je me prête d'autant plus volontiers à la publication de mes lettres sur le Bouddhisme, qu'avant-hier j'ai eu l'occasion d'exprimer mon opinion devant le Sénat sur la religion chrétienne[1].

(1) Comme on l'a indiqué dans l'Introduction, la présente brochure ne contenait d'abord que les deux lettres adressées par M. Barthélemy Saint-Hilaire à M. l'abbé Deschamps, l'une en 1860, l'autre en 1879. Elle devait paraître le 24 janvier 1880, après avoir été présentée en épreuve à l'auteur de ces lettres. Par une coïncidence tout à fait fortuite, l'épreuve arrivait à son destinataire le lendemain du jour où il prononçait au Sénat le discours auquel fait allusion la lettre du 26 janvier, reproduite ici. On comprendra que la brochure se soit ouverte à cette troisième lettre, avec l'agrément de M. le vice-président. L'allusion que fait ici M. Barthélemy Saint-Hilaire à son discours de l'avant-veille, l'hommage que l'orateur rend d'un accent si haut et si pénétré, au Christianisme, « dont le Catholicisme, dit-il, est le véritable héritier, » tout cela fait penser au langage bien différent que présente certain écrit signé du premier titulaire de la chaire d'histoire des religions au Collège de France : « Pour être complètement chrétien, a dit quelque part

En présence de ce grand corps, j'ai répété ce que j'avais déjà dit à plusieurs reprises dans mes livres, et ce que je vous avais écrit à vous-même [1].

Le Christianisme est supérieur à toutes les religions autant que la civilisation des nations chrétiennes est supérieure à celle de toutes les autres nations. Sur ce point, le dissentiment n'est possible que pour ceux qui n'ont pas suffisamment étudié l'histoire et les monuments, ou pour ceux qui se laissent aveugler par l'esprit de parti.

Aussi, suis-je loin de partager toutes les craintes qu'a fait naître la création de la chaire nouvelle au Collège de France. Je ne nie pas que cette création ne soit un peu prématurée, non pas seulement chez nous, mais partout ailleurs [2]. Les matériaux ne sont pas

M. Réville, il faut être *protestant.* » Et Dieu sait de quel protestantisme on veut parler ici !

Pour le dire en passant, si l'enseignement de M. Réville au Collège de France devait tourner dans un cercle de pareilles assertions, la chaire si importante qui lui est confiée justifierait, au moins jusqu'à nouvel ordre, les appréhensions dont parle M. Barthélemy Saint-Hilaire dans sa lettre. Si encore le protestant qu'il faut être pour rester chrétien, selon M. Réville, était réellement protestant, dans le sens ordinaire du mot. Mais non. Le protestant en question a abjuré le protestantisme. Au lieu de se faire, comme ses prédécesseurs, une sorte de papauté de l'autorité absolue de la Bible, il repousse l'autorité de la Bible aussi bien que l'autorité de l'Église. Il ne professe pas plus de respect pour l'autorité du livre, dont il lacère les pages, que pour celle du prêtre. (*Du Sentiment religieux*, dans la *Revue de Théologie*, vol. VII, 5e livr. (1869). (*L'éditeur.*)

(1) Lettres des 1er sept. 1860 et 25 mars 1879. Voir plus haut.

(2) On fait remarquer, dans l'introduction, toute la haute autorité qui s'attache à cette appréciation de M. Barthélemy Saint-Hilaire.

suffisamment élaborés ; mais, comme les autres peuples de l'Europe avaient pris les devants, il nous était bien difficile de ne pas entrer dans cette voie. Jusqu'à preuve contraire, c'est ainsi qu'il faut considérer les choses. Pour moi, je ne doute pas que la comparaison du Christianisme avec toutes les autres religions ne tourne absolument à son avantage ; et ce résultat est à mes yeux tellement infaillible que je me rassure devant les appréhensions que d'autres ressentent.

En tout cas, attendons [1].

[1] « Attendons, » dirions-nous volontiers avec M. le vice-président du Sénat, si le choix du premier titulaire avait pu correspondre au solennel engagement pris par M. le ministre de l'Instruction publique, dans son discours du 11 décembre, quand il disait au Sénat, au pays, en particulier au monde de la science : « Le savant qui sera placé dans cette chaire, — car ce » sera un savant, *je vous le promets*, — ce ne sera pas un homme » de combat....., — ce savant, ne craignez pas qu'il se mette à la » merci de la foule ignorante. » Est-ce en faisant monter M. Réville dans la chaire consacrée à l'histoire des religions que M. le ministre a cru remplir toute sa promesse ?

Non-seulement M. Réville n'est pas le savant que M. le ministre avait promis de nous donner, M. Réville est, au contraire, l'homme que M. le ministre, en parlant au Sénat, devait avoir la pensée de ne pas placer dans cette chaire d'où pouvait jaillir tant de lumière sur un champ, celui des religions comparées, où plus d'un sillon est encore à creuser, si l'on veut arriver à une riche moisson ! « Un homme de combat, » voilà l'homme que M. le ministre voulait avant tout éloigner de la chaire, — nous allions dire de la chaire de paix, — fondée par lui. Une telle chaire, en effet, aurait dû rester une chaire de paix, autour de laquelle on eût aimé à se livrer à l'étude, dans le calme et la sérénité, sous la direction d'un maître de ces « vastes connaissances » et de cette « impartialité à l'abri de tout soupçon » dont parle M. Barthélemy Saint-Hilaire de son

Je ne parle, du reste, en ceci que comme philosophe et comme historien. Le côté moral des religions est surtout ce qui me touche et me regarde. Les dogmes proprement dits sont le domaine exclusif de la théologie, à laquelle il convient de les laisser, et la philosophie ne peut les aborder qu'en les transformant[1] et en en tirant ce qu'ils peuvent contenir de métaphysique.

---

côté, avec tant de raison, dans sa troisième lettre adressée à M. l'abbé Deschamps. Or, dans le domaine de l'histoire religieuse, M. Réville est surtout un homme de combat. Tous ses écrits sur la matière sont là pour le certifier. En parlant ainsi, nous respectons la personne, nous ne voyons que le polémiste dans ses procédés (*L'éditeur.*)

(1) La fin de la phrase explique comment il faut entendre ces mots : « En les transformant. » D'un autre côté, les dogmes proprement dits, à un point de vue auquel chacun peut se placer, sont loin d'être le domaine exclusif de la théologie. Les vérités dogmatiques ne se refusent pas à entrer, d'une certaine façon, dans le domaine de la philosophie. Pourquoi la raison humaine craindrait-elle d'aborder, à sa manière, les dogmes catholiques, ne serait-ce que pour y rechercher la conformité, l'harmonie qu'ils peuvent offrir avec les données certaines de la métaphysique, ou pour s'assurer qu'ils ne renferment rien de contraire à ses propres principes ? « La présence de la lumière divine dans la raison humaine, » Dieu présent à la raison de l'homme, voilà, dit un illustre théo- » logien, le plus haut enseignement que la philosophie puisse donner, » et le lien qui la rattache à la religion. (Voir *Philosophie et Reli-* » *gion*, par Mgr l'Evêque de Sura, t. I. p 231.) » C'est ce que nous trouvons, admirablement développé, dans la constitution dogma- tique du concile du Vatican, dont M. Barthélemy Saint-Hilaire reconnaît, ce sont ses expressions, la haute valeur en faveur de la raison (lettre de M Barthélemy Saint-Hilaire, adressée à M. l'abbé Deschamps, janvier 1880.

« Les Pères du Vatican, — fait observer l'un d'eux, aujourd'hui » revêtu de la pourpre romaine, — ont prononcé des mots qu'au-

C'est une analyse très délicate, qui exige les plus grands ménagements, de très vastes connaissances et une impartialité au-dessus de tout soupçon. La vérité n'a rien à craindre de ces investigations, de quelque façon qu'elles soient faites.

Agréez, Monsieur le Vicaire général, l'assurance de ma considération la plus distinguée.

Bⁿ SAINT-HILAIRE.

» cun concile n'avait encore articulés d'une façon aussi formelle.
» Ils parlent de la juste liberté de la science, du droit qui ne lui
» est pas contesté de se mouvoir dans sa sphère, d'y user des prin-
» cipes et des méthodes qui lui sont propres. » Ainsi s'exprime
Son Ém. le cardinal Pie, évêque de Poitiers, dans sa belle instruction
synodale sur la première constitution du concile. — C'est à la lumière
de cette admirable constitution que pourraient s'éclairer et s'instruire
certaines écoles, « principalement germaniques, » selon lesquelles
il appartiendrait à la science humaine de dégager et de perfectionner
peu à peu l'intelligence et la signification des dogmes chrétiens, tout
en en respectant le texte et la terminologie. Évidemment ce n'est
pas d'une telle transformation que veut parler le savant correspondant de M. l'abbé Deschamps.

Si la foi et la raison « ne peuvent jamais se trouver en désaccord
et ne sont pas naturellement hostiles; » si elles sont, au contraire,
faites pour « s'aimer et se prêter un mutuel secours, » la raison
démontrant les fondements de la foi, et la foi défendant de l'erreur
la raison, en même temps qu'elle l'enrichit « de connaissances
nombreuses, » — cette belle harmonie entre l'une et l'autre suppose,
comme l'indiquent les déclarations vaticanes, que la raison respectera
toujours les limites qu'elle ne saurait franchir sans se corrompre
elle-même en se mettant, de parti pris, en opposition avec la vérité
révélée (*L'éditeur*.)

TABLE.

Châlons, Imp. T. Martin.